Die geheimen
Aufzeichnungen
des Buchhändlers

[redacted] geheimen

Auf[redacted]

[redacted]händlers

Dechiffriert und herausgegeben von

Gérard Otremba

16er Reihe

axel dielmann — verlag

Kommanditgesellschaft in Frankfurt am Main

Unsere Gesellschaft ist in großer Zeitnot, das wissen wir alle, und selbst bei der Kontaktaufnahme zwischen Buchhandelskunde und Buchhändler wirkt sich dies aus. Es ist in Mode gekommen, dem Buchhändler einzelne Schlagwörter an den Kopf zu werfen, ohne eine vollständige Frage zu stellen; und so lautet eine zeitgenössisch knappe Gesprächseröffnung beispielsweise: "Stadtpläne". Immerhin signalisiert hier der Kunde, daß er weder Bücher, noch Tarotkarten und schon gar keine Non-Books erwerben möchte. Eine Möglichkeit läßt er noch offen, nämlich "Stadtpläne auf CD-ROM". Abstrakter wird das Gespräch, wenn sich der Kunde auf der Suche nach "Katzen" befindet. Normalerweise miauen Katzen nicht im Sortiment der Buchhändler, Bücher über die Pflege und Erziehung von Katzen sind dort schon eher zu finden.

Gesprächseröffnungen

Manch gewiefter Kunde traut sich dann doch noch, eine Frage zu stellen. Die Schüchternen rükken nicht sofort mit allen Informationen raus, sondern tasten sich erstmal vorsichtig mit der Frage "Haben Sie ein Buch?" an den Buchhändler. Die meisten Buchhandlungen haben nicht nur ein Buch, sondern gleich eine größere Anzahl zur Auswahl. Womit ich bei der 2. Variante der oben genannten Frage wäre, der Pluralform "Haben Sie Bücher?" Damit schließt der Kunde die begehrten Stadtpläne, CD-ROMs, etc. aus, und die Beantwortung der Frage fällt dem Buchhändler entschieden leichter.

"Haben Sie Bücher?"

Sehr beliebt ist auch die Aussage-Frage-Form: "Ich suche ein bestimmtes Buch. Wo finde ich das?", oder "Ich suche ein Buch. Soll ich Ihnen den Titel sagen?". Wir kommen der Sache immer näher. Wäre aber schön, den Titel endlich zu erfahren.

Zu Lieblingskunden des Buchhändlers avancieren Personen, die keinen Hehl daraus machen, rein gar nichts über das Objekt der Begierde zu wissen, nach dem Motto: "Ich weiß absolut nix über das Buch, weder Autor noch Schriftsteller." Das ist verständlich.

Sortimente nach Farben

"Ich weiß nichts über das Buch, nur daß es rot ist." Aha. Die Möglichkeit, ein Buchhandelssortiment nach Farben zu sortieren, wurde vielmals besprochen, aber aus marktwirtschaftlichen Gründen wieder fallengelassen. Die Befürchtung, Kunden noch mehr zu verwirren, war zu groß, schließlich kann nicht jeder farbliche Wunsch erfüllt werden, aber es bleibt ein interessanter Punkt.

Zum Dauerbrenner entwickelt sich das Statement "Ich hätte gerne eine Frage." 1000 mal gehört und noch immer schlägt das Buchhändlerherz höher. Antworten geben Buchhändler gern, aber Fragen verkaufen? – Die Möglichkeiten, ein Gespräch zu beginnen, sind hiermit jedoch lange nicht ausgeschöpft.

"Ich hab' hier so eine ISBN-Nummer. Kann ich die auch bei Ihnen loswerden?" Loswerden kann man alles, ob man dafür einen adäquaten Ersatz erhält, ist eine andere Frage. – "Ich hätte gern ein Buch für mehrere. Eins, das für jeden paßt." Schwieriges Problem, zugegeben. Geschmäcker sind Gott sei Dank verschieden, und wer ist so phantasielos und schenkt dasselbe Buch sämtlichen Verwandten und Bekannten? (Aber bitte, wenn es denn sein soll: Wie wäre es mit dem vorliegenden?!)

Viele Kunden allerdings sind Schelme und versuchen, ihre Buchhändler durch diffizile Fragen zu verwirren. Eine Auswahl: "Sind Sie ansprechbar?" Mit drei Kunden im Rücken eher weniger. – "Sind Sie hier Fräulein?" Unangenehm für alle Buchhändlerinnen, peinlich für den sich umdrehenden langhaarigen Buchhandelskollegen... – "Sind Sie frei?" Eventuelles Besetztsein überlassen wir wohl lieber Toiletten. – "Sind Sie jetzt zu haben?" Nein, nein, bestimmte Angebote versagt sich unsere Branche dann doch! – "Darf ich Sie belästigen?" Wie bitte? – "Ich weiß nicht, mit wem ich reden soll." Das tut mir sehr leid, aber Psychiater hören gerne zu und geben hilfreiche Tips zur Alltagsbewältigung.

Eingeschweißte Bücher

Sind derlei Anfangshürden überwunden, so wird der Buchhändler im anschließenden Beratungsgespräch mit weiteren obskuren Aussagen oder Fragen konfrontiert. Dabei scheint zu allererst die Sorge um den Gesundheitszustand eines Buches für die Kunden von großer Wichtigkeit: "Haben Sie das Buch noch unverletzt?" Wer auch immer diesem Buch Schmerzen zugefügt hat, wird zur Verantwortung gezogen, Detektive sind engagiert, die Ermittlungen laufen.– "Das Buch sieht so vorgezeigt aus." In einem Tresor versteckt, kauft es keiner. – "Haben Sie das Buch noch verlötet?" Wohl in der Werkstatt geirrt. – "Ich möchte das Buch einzel-lofanisiert." Wörter, die das Leben schreibet – und das ist ja noch nie im Duden zu finden gewesen. – Und dann kommt er endlich, unser aller Liebling: "Ich suche ein Buch für einen Schäferhund." Ich wußte schon immer, daß der deutsche Schäferhund mindestens genauso intelligent wie sein Herrchen ist. Der deutsche Schäferhund als solcher schaut am liebsten die Kultursendungen von 3Sat oder Arte, liest Thomas Mann und Shakespeare, hört Bach und Mozart und betätigt sich nebenher als Babysitter. Sensationell.

Aber keine Zeit zu weiterem Staunen, denn der nächste Frager naht: "Können Sie mal Ihren Computer fragen, ob Sie etwas über Gibraltar haben?" Leider sind Computer recht unkommunikativ – aber da gibt es ja auch hin und wieder einen schüchtern verschwiegenen Kunden: "Kann ich Ihnen weiterhelfen?" fragte ich einmal in solchem Fall. Darauf die Kundenantwort: "Nein, Danke. Ich habe meine Frau dabei." Vertrauen in seine Partnerin ist wichtig und gut, aber in dieser Aussage wird eine Abhängigkeit deutlich, die mich erschreckt. Ich hoffe, die Hilflosigkeit ist beim Fehlen dieser Superfrau nicht allzu groß. Apropos Familienbande: Bei Büchern ist es mit den Stammbäumen so, daß mehrbändige Nachschlagewerke als Urgroßeltern, Kunst- und Bildbände als Großeltern, gebundene Romane und Sachbücher als Eltern, Taschenbücher als Kinder, 5-Mark-Taschenbücher von Diogenes als Enkel und die Mini-Taschenbücher von Heyne als Urenkel gelten können... Das hätte jenem Kollegen weitergeholfen, der einst mit dem Anliegen konfrontiert wurde: "Ich möchte ein ausgewachsenes Buch, kein Taschenbuch." – Eine weitere Auswahl solcher Wünsche gefällig?

Bücher nach Familien

"Haben Sie das hier nach Buchstaben sortiert?" – "Tag, ich hätte gerne ein Stillbuch. Muß ich da in Ihre technische Abteilung?" – "Ich nehme lieber ein eingeschweißtes Buch, damit es in der Tasche nicht so klappert." – "Wie koche ich Katzen? Bei den Kochbüchern?" – "Ich brauche ein Buch über Verhängnisverhütung." – "Guten Tag, ich wollte eigent-

... oder nach Alphabet

lich ein Taschenbuch in normalgebundener Form." – "Haben Sie die Neuerscheinungen der Buchmesse irgendwo gebündelt?" – "Wo finde ich Bücher über die Sportabteilung, äh, Sie wissen was ich meine." – "Ich muß ein Buch umtauschen. Es hat ein gebrochenes Genick." – "*Das Geisterhaus*, bitte. Gibt es das nur als Roman oder auch als Taschenbuch?" – "Dort steht Hörbuch, aber ich hätte gern eine Kassette!" – "Der Autor ist der Sohn von einem ganz berühmten Vater." Schöner Versuch, danke fürs Mitspielen. – Unvergeßlich das Gespräch, in welchem ein Kunde zwei Zeilen zitiert, offenbar ein Gedicht, so daß die Kollegin ihn in die Lyrik-Abteilung verweist. "Lyrik?" zweifelt daraufhin der Kunde. "Das kann nicht sein. Es ist ein Gedicht!"

Hörbuch kontra Kassette

Moderne Unterhaltungsromane üben auf Kunden einen ungewöhnlichen Reiz aus. Insbesondere die der breiten Öffentlichkeit als "Frauenliteratur" bekannten Romane. Gemeint sind Deutschlands zukünftige Literaturnobelpreisträgerinnen H. Lind, G. Hauptmann, E. Heller und wie sie alle heißen. Obwohl in einigen Buchhandelskreisen als "Weiberliteratur", "Emmanzenschrott" oder "Schlampenscheiße" abqualifiziert, erfreuen sich die Autorinnen großer Beliebtheit und versperren seit Jahren die Bestsellerlisten.

Frauenliteratur

"Frau zu sein bedarfs nicht viel." Eben! Wer seine Romane derart tituliert, muß sich nicht wundern, wenn am Ende das Gegenteil rauskommt. – "Ich suche den Zaubermann von Hera Lind." Den Zaubermann hat Hera Lind wahrscheinlich schon gefunden, rausrücken wird sie ihn wohl nicht. Schließlich benötigt sie ihn noch für weitere Kinderproduktionen, eine Basketballmannschaft hat sie fast zusammen, aber in Deutschland ist Fußball der Sport Nr. 1, also braucht Familie Lind mindestens elf mal Nachwuchs(kicker). Es bleibt viel zu tun, packen Sie's an. – "Von Hera Lind Das Teufelsweib." Es handelt sich wohl um die sehnsüchtig erwartete Fortsetzung des "Superweibes". Laut Verlagsangaben erscheint das Buch gleichzeitig zum Filmstart. Als Deutschlands multifunktionale Powerfrau übernimmt Hera Lind nicht nur die Hauptrolle, sondern führt auch Regie und gebärt nebenbei die fehlenden Kinder für das Fußballteam. – "Ich hätte gerne Der Mann aus Schokolade." Bitte stellen Sie ihn nicht an die Sonne, er schmilzt Ihnen womöglich in der Hand, Sie haben dreckige Finger, hinterlassen überall Flecken, müssen hinterher putzen, und das wollen Sie doch gar nicht. Nicht wirklich. – "Von Grube Ich scheiß auf schöne Männer." Das freut mich. Endlich eine Kundin, für die der äußere Schein zweitrangig ist. Es gibt auch Wichtigeres im Leben, z. B. Ehrlichkeit, Pünktlichkeit, Sauberkeit, Toleranz, Mut, Anstand, Tüchtigkeit, Zähigkeit, Hilfsbereitschaft, Charakterstärke... Es gibt nicht mehr viele Männer dieser Sorte, aber manchmal, wenn man nicht daran denkt... Beim nächsten Buchkauf unbedingt darauf achten.

... und ihre Fortsetzungen

Fragt eine Dame also: "*Männer aus zweiter Hand* – wo könnte ich die wohl finden?" Vielleicht im Antiquariat? Einige Tage später wird "Der Mann als Bettkunde von Evelyn Holst" gewünscht – und ich dachte, die Schlampen sind müde, aber anscheinend assoziieren diese Titel nur das Eine... Oder doch nicht: "Auf der Suche nach dem impotenten

Mann". Viel Spaß beim Finden. – Und richtig, da war ja noch jene Kundin, die suchanzeigenmäßig hervorbrachte: "Eine Frau sucht intelligenten Mann, aber impotent." Ja, was denn noch alles? Überfordert die Männer nicht, das alles kann kein Mann bieten. Immerhin scheinen die Männer noch zum Reden gut genug zu sein.

"Ich hätte gerne den impotenten Mann von Stephanie von Monaco." Endlich haben wir ihn gefunden. Der Mann von Stephanie ist es also, der die moderne Frau von heute glücklich macht. Arme Prinzessin. Zuerst verliert sie ihre schöne Mama beim Autounfall, anschließend versucht sie sich als unbegabte Popsängerin, und jetzt sowas... Über ihr liegt der Fluch des Adels und des schnöden Mammons.

"Von Joseph Heller: Bei der nächsten Frau mach' ich es anders." Das wird ihm nicht gefallen, dem Heller, der in einer anderen Liga schreibt. Wie er sich hierher verirrt haben konnte, weiß ich nicht, aber vielleicht wird es ja beim nächsten Mann doch alles anders. Viel Glück! – Und immer wieder das allgegenwärtige Superweib Hera Lind: "Ich hätte gerne das Buch Hera Linda von Heller." Ausgerechnet ihre Kollegin Heller mußte die langersehnte Biographie über sie schreiben. Künstlerinzucht. Bleibt alles unter uns. Auch diese Anfrage: "Von Hauptmann Lüge im Bett. Des soll so'n richtig luschtisches Buch sein." Wahrscheinlich das lustigste Buch der Welt, denn Witzigkeit kennt keine Grenzen, und Humor ist, wenn man trotzdem lacht.

Frl. Smilla, bitte!

Aber auch andere Bestsellerautoren werden nicht verschont. Erstaunlich ganz besonders, wie der Titel *Frl. Smillas Gespür für Schnee* von Peter Høeg die Kunden in Verwirrung und die Buchhändlerschaft in Verzweiflung stürzen konnte. Die Kunden jedenfalls lassen bei diesem Titel ihrer Phantasie freiesten Lauf:

"Frau Müllers Gefühl für den Winter." – "Fräulein Müller und der weiße Schnee." – "Alice Millers Spuren im Schnee." – "Frauke Smilla riecht den Schnee." – "Frl. Smeralda im Schnee." – "Von Smile: Schnee vom letzten Jahr." – "Frl. X weiß, wann der Schnee kommt." – "Frl. Sillas und ihre Vorliebe für Schnee." – "Frl. Smillas Beziehung im weißen Schnee." – "Frl. Smillas Gebühr für Schnee." "– Das Schneegestöber von Frau Müller." – "Frl. Smillas Gespür für Trost." – Trost hat man sicherlich manchmal nötig, und wir wollen den armen P. Høeg nicht über Gebühr strapazieren. Es gibt ja noch andere moderne Unterhaltungsliteraten, die ihren Büchern scheinbar schwierige Titel geben. So regte der *Pferdeflüsterer* von Evans die Leser zu kreativer Suche an. Meine persönlich erlebten top five waren über lange Zeit diese Verdrehungen: "Pferdegesundbeter" – "Flüsterreiter" – "Fensterflüsterer" – "Pfefferflüsterer" – "Pferdeschnüffler". Aber dann kam sie nach zwei Monaten, die ultimative Frage eines versierten Kunden: "Gibt es den Pferdeflüsterer auch als Hardcoreausgabe?" Pornographie im Unterhaltungsroman? Bei noch mehr Interpretationen in dieser Richtung steht Evans demnächst auf dem Index!

Von Flüsterpferden

Jostein Gaarder, der Senkrechtstarter aus Norwegen, schrieb sich mit *Sofies Welt* in die Herzen der Leser. Die Liebe muß so groß sein, daß dabei der richtige Titel öfter im Unterbewußtsein verschwindet. Was daraus wieder auftaucht, hat die

... und Sofies Welten

zwei simplen Titelwörtchen ordentlich durchgearbeitet, und so erzählte mir etwa eine Kollegin verzweifelt von der Anfrage nach "Sarahs Raum oder so ähnlich" gesucht. Parallelen sind im Originaltitel durchaus zu finden. Andernorts versuchte man es mit "Glorias Traum", bei mir präzisierte ein anderer Kunde "Stefanies Traum", wobei "Lucies Traumhaus", nach dem ein Sachbuchkollege suchen sollte, etwas deplaziert wirkt. Welche Weicheier "Softys Welt" erfunden haben, wurde nicht überliefert, und die Namen von "Sofies Mutter" oder "Sofies Tochter" liegen mir auch nicht vor. "Miß Sofies Welt" jedenfalls ist eine ganz andere, aber da stoße ich schon gerne mal mit Mr. Pommeroy an. Wohlsein!

Nicht viel anders erging es Noah Gordon, dem Erfolgsautor der Medicus-Trilogie: "Ich suche das neueste Buch von Gott Noah." Noah baute zwar eine Arche und hatte aller Wahrscheinlichkeit nach einen guten Draht zum Schöpfer, Gott persönlich war er nicht. Und Noah Gordon gleich als Gott zu sterilisieren, Pardon, stilisieren, das kann man machen, muß man aber nicht. – "Ich suche Bücher von Noah Gabriel." Boris Beckers Sohn schreibt im zarten Alter von drei Jahren die Memoiren seines Vaters. Endlich ein junger deutscher Nachwuchsliterat in Sicht. Kollege Reich-Ranicki wird sich freuen. – "David und Goliath von N. Gordon." Irgendwie impliziert Gordons Vorname die Bibelstunden aus Kindertagen. Längst vergessen geglaubte Bibelgeschichten werden vom Kleinhirn reproduziert. Sollte es dem durchschnittlichen Buchhändler, um den Wunsch des Kunden zu erfüllen, reichen, wenn da einer verlangt: "Von Gordon Davies der Medizinmann"? Aber das Volk will mehr: "Die

Söhne des Schamanen“ sind gefragt, und auch ”Die Enkel des Schamanen“ schreien förmlich nach einer Fortsetzung der eigentlich bereits abgeschlossenen Trilogie. Ein interessantes Unterfangen, historische Romane demnächst in der Zukunft spielen zu lassen.

Leidende Bestseller

Nächstes Kundenopfer: John Irving. Der sprühende Witz seiner Bücher überträgt sich offenbar auf die Suche nach den richtigen Titeln seiner Romane. Erster Beitrag: ”Gottes Wille, Teufels Kinder“ Wenn Gott seinen Sohn auf die Erde schicken konnte, wieso nicht der Teufel? Ohne seinen ewigen Antagonisten ist Gott eh nur die Hälfte wert. – ”Eine schwergewichtige Ehe von John Irving.“ Wer hat hier wen geheiratet? Vielleicht Divine den Koloß von Rhodos? Wer weiß. Die Möglichkeit zu neuen Weltwundern sollte immer ausgeschöpft werden. – ”Von Irving Hotel Southhampton.“ Hotel war im Ansatz richtig, wenngleich John Irving sein Hotel in eine ganz andere Erdengegend verlegte. Aber wir wollen mal nicht kleinlich sein.

Wer auch immer ”Der Mann im Meer“ geschrieben hat, Irving war es nicht. Wie ein Buchhändler bei diesen Angaben auf ”Die wilde Geschichte vom Wassertrinker“ hat kommen sollen, bleibt in den Sternen stehen. Aus Irvings *Zirkuskind* wird schnell mal das ”Zirkuspferd“, auch nicht schlecht das ”Zwergenbuch“, oder aber das ”Zigeunerkind“. Aus ”Der Tanz mit dem Zirkus“ wird derart ein Tänzchen mit dem Buchhändler. Darf ich bitten?

”Suche von Hans Rosenthal: Briefe nach China.“ Wieviel Briefe Hans Rosenthal auch immer nach China geschrieben haben mag – in Buchform liegen sie noch nicht vor.

"Von Adorno: Entdeckung der Unbeweglichkeit." Der Bewegungsradius von Adorno ist bislang noch nicht studiert worden, den Mangel an geistiger Unbeweglichkeit kann ich ihm nicht vorwerfen.

"Von Stan Nadolny: Ein Ausbund an Frechheit " sind derartige Angaben, die die Buchhändler jeden Tag zu hören bekommen. "Lob der Langsamkeit von Stenly." Welcher Stenly? Stan Laurel? Lobt Doof die Langsamkeit, weil er für das Verständnis der einfachen Dinge etwas länger braucht als andere?

"Die Einsamkeit der Säulen von Ken Fall." Wer hat die Säulen bloß ins Abseits gestellt und vergessen? Am Ende fallen sie in ihrer Traurigkeit in sich zusammen und werden nie in Gemeinschaft integriert. Schade aber auch.

"Haben Sie: Sindbad, der Ägypter?" oder aber "Sinai, der Ägypter?" Zur Frage eins: Sindbad vermutete ich mehr in Richtung Bagdad, zur Frage zwei: Sinai ist nach wie vor ein Berg, auf dem ganz andere Wunder stattfanden.

"Die Hoffnung der Grünen von Boyd." Es ist davon auszugehen, daß die Grünen eine bundesweite Koalition mit der SPD anstreben, wieso ein amerikanischer Romancier, ob Boyd oder Boyle, diese Hoffnung in einem seiner Bücher verarbeiten sollte, weiß ich auch nicht.

Schlaflosigkeiten

Interessante Variationen gibt es zu Robert Schneiders *Schlafes Bruder*. Von "Schwaches Bruder" über "Bruder Schlaflos" bis zu "Schlafes Pulver" reicht hier die Palette der Kundenangebote.

Ebenso facettenreich sind die Ideen zu S. Tamaros *Geh, wohin Dein Herz dich trägt*. Etwa die Endstation Sehnsucht, wenn eine ältere Dame verlangt "Geh wo Dich Dein Herz bekehrt." Daß es durchaus ratsam ist, zuerst seinen Verstand einzuschalten und dann auf sein Herz zu hören, belegt die Frage nach "Höre was Dein Herz Dir spricht." – Unverhohlen spricht aus dem Herzen eines anderen Suchenden die moderne Raffgier der Konsumgesellschaft: "Gib her was Dein Herz bringt." Sogar in Herzensangelegenheiten wird nur noch genommen.

Den "Traumpfaden von Bruce Willis" möchte ich nicht folgen. Leichen pflastern seinen Weg. Stirb langsam Teil 25 läßt nicht lange auf sich warten. Aber die Bücher von Barbara Wood? "Brennende Sonne, rote Sonne." – "Keine Sonne, kein Mond." – "Rote Sonne, rotes Meer." – "Den Prometheus von Barbara Wood." In diese literarischen Gefilde wird sich Barbara Wood sicherlich nicht mehr begeben.

Wie Frau Wood muß auch Rosamunde Pilcher einiges über sich ergehen lassen. Aus ihrem *Muschelsucher* wird der "Muschelfischer" bzw. "Muscheltaucher" oder gar der "Perlentaucher ". Ein Kunde wollte "... ein Kochbuch abholen. Wilder Thymian, oder so ähnlich." Vielleicht war es gar der "Wilde Holunder", aber Kochrezepte wird er darin kaum gefunden haben...

Ein Kunde mittleren Alters: "Ich suche von Pilcher: Der rote Raum." Darauf mein Kollege: "Kann es auch *Das blaue Zimmer* sein?"

Gute Zeiten, schlechte Bücher

"Haben Sie gute Zeiten, schlechte Bücher?" Ihr werdet es kaum glauben, wir haben sogar in schlechten Zeiten gute Bücher anzubieten – aber derlei Repliken erspart sich der freundliche Büchermensch und lächelt. Fällt indes bei manchen vorlaut pubertierenden Gören schwer, die ganz dringend "das Buch zu G. Z. S. Z." brauchen. Einiges um Haltung bemühte Nachforschen ergab, daß diese Abkürzung für die RTL-Vorabendsendung *Gute Zeiten, Schlechte Zeiten.* steht. Wenn das Schauen von Vorabendserien die deutsche Sprache auf dieses Minimum an Kommunikation herabsenkt, dann sieht es um unsere Nachfolgegeneration schlecht aus. Aber im Zuge der Rechtschreibreform zur Vereinfachung der deutschen Sprache bin ich sowieso dafür, alle Vokale aus dem Alphabet zu streichen. So müssen wir in Zukunft keine ausschweifenden Reden mehr hören und verständigen uns in Abkürzungen. Wir werden uns schnell daran gewöhnen, denn der Deutsche als solcher ist sehr anpassungsfähig.

"Ich suche Die satirischen Verse von Rushdie." Wenn der Islam soviel Humor hätte wie dieser Kunde, dann stünde der gute Rushdie jetzt nicht auf der fundamentalistischen Abschußliste. Stattdessen werden der Annemarie Schimmel die *Satanischen Verse* angedichtet. Das sind mehr als Freudsche Versprecher. Und überhaupt ist Religion ein gutes Stichwort. "Ich habe Dir nie einen Rosenkranz versprochen" möchte eine ältere Dame. Hoffentlich, denn eine Bedienungsanleitung zum Rosenkranz sollte mitgeschickt werden, schließlich weiß heute keiner mehr, wie man einen Rosenkranz betet. Gehört aber auch nicht zur Allgemeinbildung.

Ziemlich satirische Verse

"Haben Sie das Mumiengeplauder von Rezzori?" Der ursprüngliche Titel lautet: *Greisengemurmel*, aber der zeitliche Abstand zwischen Greis und Mumie ist so entscheidend wieder nicht. Und insgesamt lösen sich des öfteren die Grenzen völlig auf: "Ich suche", beginnt eine Kundin, "von Charlotte von Maastricht: Ich bin meine Mutter." Wahnsinn. Oder nur Identitätskrise?

"Ich suche ein Buch von Christiane Brückner. Die ungeschriebenen Wörter"; die freilich früher einmal Die ungehaltenen Reden hießen. – "Von Schlink. Der Verlierer." Zu den Verlierern würde ich allerdings Schlink nicht zählen; dazu sind einfach zu viele Vorleser auf dem Buchmarkt abgesetzt worden.

Das Parfüm von Rita Süsmuth

"Suche von Rita Süsmuth: Das Parfüm." Vielleicht entwickelt Frau Süsmuth noch ein Parfüm, das zu ihr paßt, aber bitte: das Rezept nicht in Buchform veröffentlichen!

Bei der "Sinfonie am Ende der Reise" hätte ein Choral schon genügt, wobei "Von Kundera: Die unregelmäßige Leichtfertigkeit des Seins" schon philosophische Züge annimmt. Dem kommt ein anderer Leser zuvor, indem er uns mitteilt, er suche "den Plan von der Abschaffung des Denkens." Ein interessanter Plan, der mich sehr fasziniert. Vielleicht die Lösung aller Probleme. Das Denken abschaffen, nur noch seinen Trieben nachgehen, und alles fällt jedem viel leichter. Unter Umständen wird es auf die Dauer etwas langweilig.

Niemals aber wird es einem Buchhändler langweilig. Eher schon läßt er sich gelegentlich in den Sog von Begegnungen mit dem Leser ziehen:

"Ich hätte gerne *Das Parfüm*." Meine frühere Kollegin C. reicht der Kundin das Buch, die Kundin stutzt. "Ja, was ist?" fragt C., verunsichert. "Neinnein," gibt die Kundin zusammen mit dem Buch zurück: "Ich wollte das Parfüm von Grisham!" Darauf C.: "Nein, *Das Parfüm* ist von Süskind." Und als die Kundin beharrt: "Ich will aber das von Grisham!" schließt C. die Debatte mit Expertenwissen ab: "*Das Parfüm* ist schon seit zehn Jahren von Süskind."

Wiehernd vor Vergnügen kommt einmal der Kollege N. in die Mittagspause und berichtet von folgendem Kunden: "Ich hätte gerne eine Erläuterung zu Felidae", habe der gesagt. Unser Kollege N. dazu: "Gibt es keine." Worauf der verdutzte Mann rückfragte: "Wieso? Gibt es doch für alles."

Und immer wieder die bibliophile Farbenlehre: "Worum geht es bei *Väter und Söhne*?" fragt mich ein Herr. "Um die Geschichte von IG Farben" weiß ich ihm zu sagen. "Des könnt's sein", sagt da der Mensch, "bunt war's."

Neuerschienenes

In der Belletristik-Abteilung kommt meine Kollegin M. mit einem nur bruchstückhaft vorgetragenen Kundenwunsch nicht recht weiter. "Ist das Buch vielleicht schon etwas älter?" fragt sie zuletzt nach einigem Tippen am Computer und Blättern in Verzeichnissen. "Nein", wird ihr beschieden: "Als es damals erschienen ist, war es neu."

007, alles klar!

Glaubt man's? Ja, noch der ulkigste Slapstick ist möglich, bis hinunter zum ohnsorgtheatralischen Mißverständnis, das einem Kollegen vom Sachbuch unterlaufen sein soll: "Wo sind Bücher über Porzellan?" fragte den eine Kundin, worauf er ganz gelassen geantwortet haben soll: "Bücher von Paul Celan sind bei Suhrkamp erschienen." – Es passieren die komischen Nummern also nicht nur der Kundschaft, wie etwa die gedankenverlorene Auskunft eines älteren Kollegen mit dem Buchhändlerkürzel für vergriffene Bücher [Kürzel 007] erkennen läßt:

"Von Dario Fo *Bezahlt wird nicht*", möchte ein Kunde. Unser Kollege nebenhin: "Gibt's nicht." Der Kunde läßt jedoch nicht locker: "Aber ich hab's doch in den Kammerspielen gesehen." Kurz blickt ihn der Buchhändler an: "Es ist aber schon seit 1990 vergriffen – 007, alles klar?"

Und erst vor kurzem durfte ich die wundervolle Verwirrung beobachten, die sich mit der Frage "Gibt es schon Taschenbücher von Minette Walters?" einer jungen Frau an meine Kollegin S. anbahnte. "Ja", sagt sie: "Im Eishaus." Die Kundin: "Im Eishaus-Verlag also?" S. korrigiert: "Nein, im Goldmann-Verlag." Die junge Frau zieht suchend vondannen, aber kurze Zeit später kommt sie wieder zurück: "Ich finde den Goldhaus-Verlag nirgends..."

"Was liest denn die durchschnittliche Frau um 38?" fragt, in Begleitung einer ebensolchen, ein älterer Herr eine jüngere Buchhändlerin. "Hera Lind, *Das Superweib*", schlägt, ein wenig schmunzelnd, Sie verstehen, die Kollegin vor. Darauf der Kunde zur Freundin: "Bah, die ist ja richtig qualifiziert, die Frau.

An einem einzigen Tag durfte ich die folgenden Stilblüten botanisieren:

Barsortimenter

Kollege M. erklärt einem Herren: "Das Buch fehlt vorübergehend beim Großhändler, es ist zur Zeit nicht am Lager." Darauf dieser ganz resolut: "Können Sie da nicht mal bißchen Dampf machen?" – Dann die versierte Anfrage: "Ich suche ein Gedichtband in Prosa." – Keine halbe Stunde danach: "Was haben Sie von Charlotte Link im Taschenbuch?" "Zum Beispiel *Sturmzeit*", antworte ich aus dem Gedächtnis. Halbe Freude bei der Kundin: "Genau das suche ich, aber ich dachte es heißt Umluft." – Nach der Mittagspause eine echte Herausforderung seitens einer mondän daherkommenden Dame: "Haben Sie was von Patricia Cornwall, das noch nicht erschienen ist?" – Und kurz vor dem Feierabend ein Extra-Sahne-Bonbon von einem ältlichen Männlein: "Sagn'se ma', junger Mann, 'nen Autor, der politisch so en'agiert schreibt wie Ludlum und Simmel...?" – Hoffnungsfroh / sperr' ich hinter mir den Laden zu!

Aber auch ohne solche Ballungen erfreuen einen immer wieder die Sternstunden der lesenden Menschheit. Ein etwas beamtenhaft auftretender Mann hat die folgende klar umrissene Vorstellung: "Ich suche einen guten Krimi, möglichst neu", sagt er. Ich überlege. "Wie wäre es mit *Übermorgen*", lege ich ihm nahe. "Nein", sagt er, "das hat für mich keinen Sinn, da ich es schon morgen brauche." *Kriminalistik*

Eine wahre Fundgrube für Versprecher aller Art bietet der Sachbuchbereich. Oftmals reicht in dieser Sparte die einfache Buchhändlerausbildung nicht hin, um die Kommunikationslöcher zu stopfen: Ein abgeschlossenes Medizinstudium, fünf Semester Psychologie, vier Semester Geschichte sowie eine langjährige Mitarbeit in diffusen esoterischen Zirkeln sind wünschenswert. Ansonsten läuft man/frau Gefahr, vom Kunden totgeschwätzt zu werden, ohne zu wissen, um was eigentlich es geht – denn das Buchhändlerwissen ist fußballfeldweit, aber spatentief.

"Ich suche Die Begegnungen der Celestine." Wenn das keine Begegnung der dritten Art wird. – "Haben Sie *Die Prophezeiungen von Palästina*?" Bislang noch nicht, aber vielleicht schreibt sie Herr Arafat noch. – "Haben Sie Bücher über Busenwachstum angeregt durch Hypnose?" Silikon reicht wohl nicht mehr. Aber aufgepaßt, werte Herren der Schöpfung: Wenn das mit der weiblichen Anatomie klappt, funktioniert es bestimmt auch mit männlichen Geschlechtsteilen, und Schluß ist's mit Viagra – konzentrieren Sie sich, fallen Sie in einen tranceähnlichen Zustand... aber lassen wir das. Ich bin über die empirischen Forschungen nicht ganz auf dem Laufenden, gehe aber davon aus, daß die Meinungen der Frauen immer noch differgieren, ob die aristothelische Kategorie Quantität oder Qualität nun entscheidend ist. Es gibt auch wichtigeres im Leben: Toleranz, Charakter, aber das hatten wir schon.

Ratgeber

"Ich suche: *Anleitung zum Seitensprung.*" So schwer kann das doch nicht sein. Seitensprünge passieren doch tagtäglich auf der ganzen Welt. Betrügen und betrogen werden, und zwar in allen Lebensbereichen. Und entsprechend ein anderer Kundinnenwunsch: "Die Kunst, den Mann fürs Leben zu kaufen."

Kleine Bibliographie der Zeitreise

"Die Krise als Chance, oder so" – oh, dieses "oder so", man könnte sie glatt selbst bekommen, ob nun von Dethlefsen oder nicht, dann noch "Ein wenig Zeit von Stephen Hawking" nehmen, die Depressionen genießen, sie überwinden und für sein Leben lernen. Wenn Sie mit Hawking *Eine kleine Reise in die Ewigkeit* unternehmen wollen, halte ich Sie nicht davon ab; mit Däniken will ein anderer Bücherkäufer *Zurück in die Zukunft* reisen, was wahrscheinlich etwas komplizierter wird, zumal "Der Zeitsprung von H. G. Wells", den ein weiterer Kunde vorhat, noch nicht in die Praxis umgesetzt wurde.

Vielleicht fragen auch Sie "Die Philosophen auf der Hintertreppe", möglicherweise erhalten Sie von ihnen einige hilfreiche Tips für das Eintreten in neue Zeitzonen. Um für diese Reise fit zu sein, könnten

Sie vorher noch mit einer meiner Kundinen "Fasten und Vegetieren". Passen Sie jedoch auf, daß Sie dabei nicht alle Kräfte verlieren, versuchen Sie, durch "Meditieren" eventuelle Schwächeanfälle auszugleichen. Wenn Sie sich bei dieser Voyage als "Schnäppchenjäger" betätigen wollen: Die passenden Schnäppchenführer finden Sie in guten Buchhandlungen in der Wirtschaftsabteilung. Sollten Sie erfolgreich von dieser Reise zurückkehren, stellen aber fest, daß Sie "Der Mann, der seine Frau mit einem Hund verwechselte" sind, dann wenden Sie sich vertrauensvoll an die "Götter aus der Apotheke", die helfen Ihnen bestimmt weiter.

Hörbuch kontra Kassette

Das sollte dem durchschnittlichen Buchhändler reichen, um den Wunsch des Kunden zu erfüllen; wenn nicht, gib es noch einen hilfreichen Computer, der findet alles. Aber das Volk will mehr. "Die Söhne des Schamanen", sowie "Die Enkel des Schamanen" schreien förmlich nach einer Fortsetzung der bereits abgeschlossenen Trilogie.

Erwähnenswert sind die Bücher von Herrn Ogger. Auf seinem *Kartell der Kassierer* drehte sich schon bald das "Karussell der Kassierer", und urplötzlich wird das "Charisma der Kassierer" ins Spiel gebracht. Sein bekanntester Titel, "Nieten in Nadelstreifen", muß ebenfalls für geistige Höhenflüge herhalten. Als würden die Nieten als Negation nicht ausreichen, werden sie zu "Räuber in Nadelstreifen" oder "Gauner in Nadelstreifen" gewandelt. Langsam aber sicher erkennt auch der kleine Mann auf der Straße, daß ein seriöser Schein ein verbrecherisches Sein nicht immer vertuschen kann.

Kleine Nieten und große

Weitere Kundenangebote zu diesem Titel, und es ist nur eine kleine Auswahl!, lauteten: Nieten in

Nagelhosen – Nietenstreifen in Nadelanzügen – Nieten in Nadelstreifenanzügen – Gentlemen in Nadelstreifen von Oggersheim, worauf man nun aber wirklich nur sagen kann: Eben nicht! Es sind keine Gentlemen und schon gar nicht aus Oggersheim, denn dort wohnt bekanntlich eine ganz andere Niete.

Das politische Buch

Übrigens hat "Richard von Weizsäcker: Die vier Jahreszeiten" nicht komponiert. Und wer braucht schon ein "Video Franz Josef Strauß live"? Entweder ist dieser Kunde sadomasochistisch veranlagt, oder er hat einen üblen Feind, den er damit quälen will. Aber die Hetzkampagnen des ehemaligen bayrischen Oberhäuptlings nicht nur zu hören, sondern auch noch sehen, das hält kein Mensch aus. Wer Sprüche wie "Stromgitarrenspieler und Haschgiftspritzer" erfunden hat, gehört allenfalls in die Humorabteilung. – Aber die Verirrten werden bekanntlich das Himmelreich sehen oder erben oder ähnlich. Apropos "Himmel":

In den Himmel kommen auch brave Mädchen, böse kommen überallhin, sollten wir laut Ute Erhardt glauben. Aber auch auf diesem Weg kam es zu Mißverständnissen. Die Engel müssen sich warm anziehen, denn auch "Schlampen kommen in den Himmel", jedenfalls nach Ansicht einer Kundin.

Gute Mädchen kommen immer!

"Brave Mädchen kommen in den Himmel, böse gehen weiter." Metaphorisch betrachtet, bedeutete der Himmel für mich die Ewigkeit, doch scheinbar geht es nicht nur hinterm Horizont weiter, nein, auch der Himmel hat Grenzen, die überschritten werden können. – "Anständige Mädchen kommen irgendwohin, die anderen auch." Bleibt alles anders, Gnäd' Frau. – "Dicke Mädchen kommen in den Himmel." Also Mädels, Magersucht ist out, beteiligt euch weiter am großen Fressen, auch ihr werdet das Paradies erleben. – "Gute Mädchen kommen immer." Purer Sexismus! Oder wollte der Kunde eben gerade andersherum vorgetäuschte Orgasmen entlarven? Bei Licht betrachtet ein ziemlich chauvinistischer Buchtitel.

Purer Sexismus

Auf jene Anfrage "Wieviel kosten die sexuellen Phantasien der Frauen?" konnte ich ruhigen Gewissens nicht antworten. Wahrscheinlich ist jedoch, daß je schmutziger die Phantasien, desto teurer das Buch. Wie im richtigen Leben. Aber vielleicht reicht dem einen oder anderen Kunden die Autoreparaturreihe "Wie mach ich's mir selbst?" Armes unselbständiges Deutschland. Sogar zur Selbstbefriedigung werden Anleitungen gebraucht. Solange die Nachfrage nach der "Anleitung zum Selbstmord" nicht zu groß wird, bleibt immerhin Hoffnung.

Manchmal genügt auch schon die "Dienstanleitung zum Unglücklichsein." Letztendlich bleibt festzustellen: "Männer sind Frauen, anders auch" und die einen kommen vom Jupiter, die anderen vom Saturn, es muß nicht immer Mars oder Venus sein, wir haben noch andere Planeten in unserem Sonnensystem. – Und wieder verzeichnen meine Notizen einen furios komischen Vormittag mit der Kundschaft:

"Warum steht der Koran bei Ihnen unter der Gürtellinie? Das muß sich ändern." – "Ich suche ein Buch über Fruchtbarkeitsmythen. Wo ist denn Ihre Matriarchatsecke?" – "Ich hätte gerne ein Buch über Eßstörungen in Romanform." – "Für Hunde und Katzen gibt es einen homöopathischen Ratgeber.

... in der Matriarchatsecke

Gibt es den auch für Menschen?" – "Haben Sie die Weltgeschichte in Schlaglöchern?" – "Sie hatten doch neulich Che Guevara-Wochen." – "Stalin, Lenin, Gorki; die sind doch nicht mehr an der Regierung, die will doch keiner lesen, das brauchen Sie nicht zu führen. Aber über die Germanen, das sind doch unsere Vorfahren, das wollen 60 Millionen lesen." – "Ich suche: Eunuchen in den Himmel."

Und als Dreingabe vom Nachmittag: "Haben Sie eine Grammatik auf Video?" – "Guten Tag, können Sie mich helfen bei die Familienplanung?" – "Ich hätte gerne Tarot-Karten mit Gummibärchen drauf."

Während eine Kollegin krank ist, helfe ich für zwei Tage im Sachbuch aus. Und so bekommen ich einen Einblick in die Volksmedizin: "Haben Sie Bücher über innere Medizin, so mit dem Herzen oder vielleicht mit Herzklappen?" erkundigt sich eine Dame, so daß ich zurückfrage: "Meinen Sie für Fachleute oder für Laien?" "Nee", winkt sie ab: "nicht für Leihen – für Kaufen!"

Betroffene(n) Literatur

Hätten Sie's geahnt: "Ich suche ein Buch über den Tod. Es gibt da ja Betroffene, die darüber geschrieben haben." Ja, guter Rat war schon immer etwas teurer: "Wo haben Sie so Ratgeber? Meine Tochter ist bei so einer Talkshow geladen und will mal so nachlesen, wie man sich da verhält."

"Ich suche *Die Quelle der Hoffnung*", sagt eine junge Frau. Mein Kollege: "Ist das was Esoterisches oder Religiöses?" Irritierter Blick: "Nein, etwas über Schuppenflechten."

"Ich suche *Die perfekte Ehe*", teilt eine Kundin mit, worauf sie die durchaus ernstzunehmende Antwort erhält: "*Die perfekte Ehe* gibt es leider nicht mehr."

Zu zweit dürfen wir – und da sage mir einer, wie man sich da beherrschen soll! – zuhören, wie eine Kundin auf die Frage: "Ich suche bei Piper *Orgasmus der Frau*" die Antwort erhält: "Zur Zeit nicht vorhanden. Aber ich kann es Ihnen innerhalb von 24 Stunden besorgen."

Die Kollegin, mit der ich mich prustend hinter einer Säule verstecke, gibt später jene andere Anekdote zum Besten: "Entschuldigen Sie, können Sie mir helfen? Ich komme nicht an die Nachschlagewerke dran." habe einst ein Kunde zu einem Buchhändlerkollegen gesagt, worauf dieser dienstbereit: "Warten Sie, ich kann Ihnen einen runterholen."

Autoren-...

Schluß jetzt mit dem Schweinskram. Wenden wir uns ernsteren Themen zu. Ernst zu nehmen sind z.B. Autoren- bzw. Verlagsnamen. Leider funktioniert auch hier das Kundengedächtnis nicht immer nach Buchhändlerwunsch. So kann es passieren, daß aus Jane Austen und John Irving der Name "Jane Eiving" entspringt. Hoch im Kurs steht Vargas Llosa. Es beginnt mit "Losser", geht weiter zu "Vargas-Looser", hin zu "Wargas-Larsson". Bücher von "Markus Garcia" werden im selben Atemzug genannt wie die von "Sissy Moyle"; "Paulus Aust" ist mindestens genauso beliebt wie "Carlos Cassandra"; "Frau Borkenbier" muß sich nicht vor Frau "Agnes Zimmer Bertley" verstecken; Herr "H. M. Ätzenberger" wird ebenso gern gelesen, wie das Buch von Herrn "Weichscheitel", und unser ehemaliger Bundespräsident darf ferner auf den Namen "R. v. Weizenäcker" hören. Bei "Karl Zukkermeyer" und "Karl Sackmeier" handelt es sich wider Erwarten um dieselbe Person, und um

Bücher von Herrn Iacocca zu suchen, müssen wir Buchhändler uns gelegentlich mit einem profanen "Eierkocher" zufriedengeben.

... und Verlagsnamen

Ein ebenso großes Durcheinander herrscht bei den Verlagsnamen. Im Sortiment hätten wir einen "Ullmann-Verlag", daneben "Bastei-Lübke", der neulich zum "Bastei-Lübbe-Verschlag" wurde, aber da sind wir schon fast beim "Luchterland-Verlag" angekommen, müssen aber noch den Umweg über "Hertie-Spektrum" nehmen, beim "Heini-Verlag" links ab, um beim "Schrott-Verlag" anzukommen. Der "Volk- und Aufbau-Verlag" befindet sich immer noch im Osten, dagegen kommen der "Kiepenhäuter und Witsch" sowie "Kiepenhauer und Wisch-Verlag "von einem anderen Stern. Sehr schön auch "Edischen Söhkämp" oder "Schurkamp-Verlag", sowie "Klett-Cott" oder "Kurt Klett". Meine persönlichen Favoriten sind immer noch der "Mannesmann-Verlag" und natürlich der "Diakonis-Verlag".

Der Psychobembel

Mit einem Zwitter haben wir es bei der Aussage "Bücher von der Lucy Körner" zu tun. Eigentlich ist "Lucy Körner" ein Verlag, aber machen Sie das einem verbohrten Kunden klar, der die Lucy unbedingt als Autorin haben will. Das kommt davon, wenn man zu tief in den Bembel schaut. Nur so kann ich mir erklären, daß aus dem Pschyrembel letztendlich der "Psychobembel" entsteht.

Die Klassiker der Weltliteratur, mittlerweile zu Schullelktüren degradiert, erleben durch die geistige Unreife diverser Schüler/innen eine wahre Hochkonjunktur. Und so entstehen moderne Buchhandelsklassiker mit einem der wohl bekanntesten Titel im deutschsprachigen Buchhandelsraum: "Von Rudolf Hess: Nazis in Dortmund". Armer Hermann Hesse. Wenn er um derlei Komplikationen gewußt hätte, vielleicht wäre *Narziß und Goldmund* nie entstanden.

Um einen merkwürdigen und schwer zu bibliographierenden Titel handelt es sich bei "Hessen unterm Rad". Ja gut, die Eintracht ist sicherlich mal böse unter die Räder gekommen (z. B. 1983 mit einem 0:7 gegen den 1. FC Köln!), aber das kann nicht das Thema des Buches sein. Vielleicht doch etwas aus der städtischen Historie Frankfurts, oder doch nur *Unterm Rad* vom gequälten Hesse? – "Von Hesse: Der Dämon" wird leider nie jemand zu lesen bekommen.

Armer Hesse

Der *Fänger im Roggen* von Salinger genießt ebenfalls die größte Hochachtung bei Literatur(an)-fängern: "Ich suche die Roge im Fänger", lautete einmal das Ansinnen, ein andermal: "Ich suche den Roggenschneider". Unbeirrt geht die Suche weiter zum "Fänger im Weizen", fündig geworden sind wir endlich beim "Jäger im Kornfeld". – "Ich suche ein Buch, das heißt so ähnlich wie Tequila Sunrise" – aber bitte, einen Tequila Sunrise werde ich mir gönnen, wenn dieses Buch fertiggestellt wird, wenn auch die Protagonisten aus John Steinbecks *Tortilla Flat* sich mit billigem Rotweinfusel begnügen mußten.

"Von Huxley: Schöne wilde Welt." Lebe wild und gefährlich, Arthur. Ich hoffe, ihr seid genauso wild, wie ihr dieses Buch gerne hättet.

"Von Orwell: 1968" Ich verrate nicht, warum das Buch *1984* heißt, aber 1968 war auch ein sehr schönes Jahr. Sogar ein sehr wichtiges in der deutschen Nachkriegsgeschichte. Ein relativ großer Teil einer Generation war bereit, die Welt zu verändern.

Vielleicht habt ihr ihnen sogar zu verdanken, daß in der Zwischenzeit Tugenden wie Zucht und Ordnung (Gott sei Dank) im Lehrplan eine untergeordnete Rolle spielen.

"Ich suche den Sündenbock von Dostojewskji." Den haben wir längst gefunden. Es ist der dämliche Buchhändler, der selbstverständlich nicht in der Lage ist, diesen Titel in seinem schlauen Computer zu finden, weil unter "Dostojewskji" noch immer nur Schuld und Sühne zu finden ist. Aber dann schmerzt es doch, zu hören: "Haben Sie von Dostojewskji: Die Brüder Casanova?" Ein Casanova in der Weltliteratur reicht ganz und gar aus. In seinen Memoiren kann man sein Treiben lesen, aber Dostojewskji hat es ganz sicher nicht niedergeschrieben. Und den "Herr der Ringe von Tolstoi" durfte sich eine andere Kundin auch gleich abschminken, genauso wie "Die Weihnachtsgeschichte von Charles Darwin".

Frischbein & Fabermax

Schön, daß Max Frisch noch in Schulen gelesen wird, unschön, wenn das Verständnis nicht einmal für die Titel ausreicht: "Homo Farmer von Max Frischer" wird verlangt, gerne auch "Analog von Max Frisch". Der Zugaben sind aber kein Ende: "Von Frischmann: Ich wünschte ich wäre Gantenfuß", und auch das noch: "Von Frisch: Mein Name sei Gantengier". Und nichts ist dem versierten Buchkäufer heilig: "Mein Name sei Gallenstein von Thomas Mann". Gallensteine sind eine ekelhafte Angelegenheit. Weder will ich so heißen, noch will ich sie jemals haben. Sie werden durch eine Beschreibung Thomas Manns auch nicht angenehmer.

Ich hoffe, die Bücher von Heinrich Böll werden noch lange als Schullektüre erhalten bleiben, nicht nur weil ich sie als Nachkriegsliteratur sehr schätze, sondern auch, damit die Buchhändler weiterhin etwas zu lachen haben: Die verlorene Ehre der Katharina Blum scheint sich zum Lieblingstitel der Teenager zu entwickeln. "Die verlorene Ehre der Margarita Blum", wie sie ein keckes Mädchen bestellen will, klingt eher harmlos, aber "Die verlorene Ehre der Katharina Witt" besitzt zweifelsohne mehr Esprit. Das schönste Gesicht des ehemaligen Ostens verkauft sich nach der Wende an Eisrevues und Werbeslogans. Es mußte ja so kommen. Auch eine Form des Ost-Ausverkaufs. Und dennoch liegt bei diesem Titel auch Systemkritik in der Luft: "Die verlorene Ehre der katholischen Kirche" wurde gewünscht. Was wir seit Jahrzehnten und Jahrhunderten vermuteten, jetzt ist es amtlich, endlich schwarz auf weiß gedruckt. Die Höchstpunktzahl, sowohl in der A-, als auch in der B-Note, erhält der Titel "Die verlorene Ehe der katholischen Blum". Vergegenwärtigen Sie sich nochmals den Originaltitel und scheuen Sie sich nicht, einen vergleichenden Blick auf die eben erwähnte Neuschöpfung zu werfen. So amüsant es klingt, der Erfinder mußte das Buch zwangsläufig lesen, das Ergebnis seiner Klassenarbeit interessiert mich nicht minder. Aber um bei Böll zu bleiben, beziehungsweise...: "Irischer Frühling von Heinrich Mann." An dieser Person ging die Parfüm-Werbung nicht spurlos vorbei. Aber der Frühling in Irland ist genauso deprimierend wie die anderen Jahreszeiten. Es sind Gerüchte im Umlauf, daß es in Irland Tage geben soll, an denen es nicht regnet. Die als Urlauber zu erleben, ist genauso wahrscheinlich, wie vom Blitz getroffen zu werden und zu überleben.

Verlorene Ehre

"Ich hätte gerne das Pferdebuch von Martin Walser." In diese Richtung würden einige Schüler Martin Walser sicherlich gerne drängen. Herr Walser als Autor von Tier- und Naturbüchern, mit vielen bunten Bildern bereichert, so daß das Nachdenken über den Text nicht allzu schwer fällt.

"Ich suche von Ernst Jünger: Vom Winde verweht." Vom Winde verweht ist Ernst Jünger mittlerweile auch, falls irgend jemand das gleichnamige Buch von Jünger lesen sollte, bitte eine Kurzkritik an meine Adresse schicken.

Vorläufige Nachrufe

"Haben Sie den Nachruf auf Stefan Heym?" Ich hoffe nicht, einige mögen Stefan Heym bereits als Scheintoten sehen, beim Schreiben dieser Zeilen war er noch lebendig und Nachrufe auf Lebende werden im Normalfall nicht gedruckt.

"Ich suche bitte: Des Teufels Kardinal." Klare Sache, wenn Gott eine Kirche auf der Erde baut, warum sollte sein Gegenspieler nicht was Ähnliches versuchen? Gleiches Recht für alle.

"Ich hätte gerne so ein kleines gelbes Taschenbuch, nennt sich Erdbeeren und Chili." Wir verspeisen die Marquise von O. gleich mit, das gibt eine entzückende Freßorgie.

"Bitte einmal Ellie Briest aus dem Hamburger Lesezirkel." Lesezirkel sind dazu da, Bücher zu lesen und nicht zu veröffentlichen, aber man kann ja mal in Hamburg anrufen, vielleicht findet sich ein Lesezirkel, der kommentierte Fontane-Ausgaben herausbringen will...

"Von Fontane: Effie Briese." Eine Brise kalten Windes um seinen Kopf wehen lassen, das reinigt hin und wieder die müden Gehirnzellen und der Geist klart auf. Nur zu!

"Von Fontane: Iffie das Biest." So schlimm ist Iffi aus der Lindenstraße nun auch wieder nicht. J. R. Ewing aus Dallas, der war fies, aber Fontane kannte beide nicht.

"Von Schiller: Der Kavalier und seine Lieben." Eine sehr idyllische Umschreibung von *Kabale und Liebe.* *Kabale und ...*

"Haben Sie Romeo und Julia auf dem Bauernhof?" Zuletzt wurden die beiden sogar in einer Großstadt gesichtet, aber nach diversen Negativerfahrungen flüchteten sie schnell wieder zurück aufs Land.

"Haben Sie von Goethe: Die Leiden des jungen Wächter?" Armer Kerl. Ständig wache schieben, da wächst das Leid von Stund' zu Stund'.

"Wolfgang Amadeus Goethe: Die Liebe des jungen Pferdes." Wir wiederholen die 11. Klasse freiwillig und lassen uns mit der Allgemeinbildung noch etwas Zeit. Deutschland, das Land der Richter und seiner Henker.

"Im Westen ist überhaupt nix los." Das wünschte ich Erich Maria Remarque auch. Leider war zwischen 1914 und 1918 auch im Westen mehr als genug los.

"Von Kafka: Also sprach Zsasa Thustra." Am Ende sprach Nietzsche womöglich mit der göttlichen Garbo, wurde aber von Kafkas großem Lauschangriff überrascht, der sich ewig in die Länge zog, so daß sich "Von Dürer: Der Besuch der alten Dame" um einige Tage verzögerte.

"Ich suche: Uli says von einem Herrn Joyce." In meiner Grundschulzeit gab es ein Buch Mit Uli Schreiben und Lesen lernen oder so ähnlich,aber keiner hat mir gesagt, daß es von einem so hoch- *Ulli isses!*

karätigen Schriftsteller wie Joyce geschrieben wurde.

"Wo steht der Mann ohne Leidenschaften?" In diesem Zusammenhang fällt mir eine Sonderaktion für den Rowohlt-Verlag ein: Den *Mann ohne Eigenschaften* von Musil gibt ab sofort als einmalige Sonderausgabe in einem Band im Taschenbuchformat mit dem Untertitel: "Jetzt mit noch weniger Eigenschaften".

Sonder-Aktion für Rowohlt: Jetzt mit noch weniger Eigenschaften!

"Haben Sie Sausibär oder der letzte Grund?" Irgendwie ist mir dieser Titel ans Herz gewachsen. Vielleicht ist sogar mein Lieblingsbär, nämlich Lars, der kleine Eisbär gemeint. Ich sehe ihn direkt vor mir, wie er, in der Zwischenzeit mit einem Snowboard ausgestattet, seine Eisberge hinuntergleitet und mit einer irrsinnigen Geschwindigkeit an mir vorbeisaust. Tschüs, kleiner Eisbär, und gute Reise.

Als Zugabe ein kleines Ratespiel:

"Ich suche das Gulaschbuch von einem Russen." Die Nerven des Buchhändlers werden unnötigerweise überstrapaziert. Die Verwirrung wird groß sein und die Verwirrten werden verwirrt sein. Na, hätten Sie die richtige Lösung gewußt? Ganz einfach: das Buch trägt den Titel: *Archipel Gulag*, und der Russe heißt Solschenizyn. – Aber wieso denn über Kleinigkeiten sich aufhalten? "Haben Sie: Herr der sieben Sinne?" Haltet Eure Sinne zusammen, so viele Ihr zu haben meint, und bitte gebraucht sie auch, dann müssen solch merkwürdigen Bücher wie dieses nicht geschrieben werden. Wenn nicht, drohe ich mit einer Fortsetzung – aber genaugenommen kommt man ja gar nicht nach:

"Ich suche von Wilde: Oscar Bunbury." – "Das Abbild oder Gleichnis von Dorian Gray." – "Hätte gerne von Arthur Müller: Hexenjagd." – "Bitte von Hugo: Die Elendigen." – "Ich bin auf der Suche nach dem Buch von Hermann Hesse: Der Untertan." – "Haben Sie das Taschenbuch von Anne Frank?" – "Einmal das Tagebuch der Katharina Witt, bitte." – "Von Erich Kästner Not-Abende." – "Ich hätte gerne von Jacob Singer: Kaiserplatz." – "Die Möwe Jonathan von Knut Hamsun." – "Von Brückner: Jauchze und Levkojen." – "Haben Sie das Buch: Unterm Birnbaum von LaFontaine?" – "Von Silvia Plath: Die Glasflocke." – "Ich hätte gerne das Buch von Julius Werner: Reise zum Mittelpunkt der Welt." – "Ich suche ein spezielles Hörbuch mit dem Titel: Frühstück bei Tiffany von Truman und Capote." – "Von Heinrich Heine: Die Harnreise."

Die Harnreise

Contenance, contenance! "Ich will: Der letzte Mensch von Sartre", teilt ein Mann mit, und er bekommt angeboten: "Ich hätte noch den ersten Menschen von Camus anzubieten." – "Wir suchen den *Gallischen Krieg*." Da wissen wir natürlich versierten Rat: "Ja, von Cäsar, den finden Sie..." beeile ich mich zu sagen, aber nein: "Nein, nicht von Cäsar, von Reclam."

Bedauernd kommt einmal der Kollege M. vom Regal zurück: "*Der Schimmelreiter* von Insel ist nicht mehr da." Worauf die Dame nur die Augen verdreht: "Ich suche ja auch den von Storm."

Aus dem Repertoire einiger Mitarbeiter unserer Buchhandlung könnte ich, auch um zukünftigen Mißverständnissen vorzubeugen, noch einige praktische Hinweise destillieren:

Sie können vergriffene Bücher, wie einmal ein junger Mann tat, "archäologisch" suchen lassen bis

Kleiner Ratgeber

... großer Katalog

Sie schwarz werden – unter der Erde werden Sie sie nicht finden. Ihre Urlaubsreisen können Sie weiterhin in einem Reisebüro buchen und nicht in der Reiseabteilung einer Buchhandlung, auch wenn Ihr Arbeitskollege das Gegenteil behauptet haben sollte.

Die Pluralform von Globus lautet weder ”Globanten“ noch ”Klobusse“, elektronische Wörterbücher heißen nicht ”digitale Taschenbücher“ und ”Abschlußprüfungen“ werden im Buchhandel ebenfalls nicht verhökert.

Eine Beschwerde bei der Geschäftsleitung über das Fehlen eines *OTTO-Versandkataloges* sowie von *Telefonbüchern* hilft Ihnen nicht weiter, das Zeug werden Sie trotz heftiger Debatten auch weiterhin andernorts suchen müssen.

Ich bitte darauf zu achten, Science-Fiction-Bücher von Perry Rhodan nicht mit ”Periodenbüchern“ zu verwechseln, und ”Kalender von September bis September“ müssen Sie sich auch vorerst selber basteln.

Außerdem ist ”Ayurweda“ kein Philosoph und ”Oregano“ keine japanische Faltkunst.

”Entkalker für Bügeleisen“ gibt es in Buchhandlungen leider nicht, und nicht zu gebrauchende ”Toaster“ sollten Sie lieber nicht in der Software-Abteilung Ihrer Buchhandlung abgeben, Sie machen sich unnötig Feinde.

Die Abteilung für gebundene Romane heißt weder ”Bellestrik ”noch ”Bellistrik“ und schon gar nicht ”Bal(l)istik“, sondern ”Belletristik“, wir bitten um Verständnis.

Viel Verständnis haben wir zwar für Trauernde, aber bitte: Erwarten Sie beim Ableben der nächsten

Persönlichkeit des öffentlichen Lebens nicht gleich den Aufbau eines Altars in Ihrer Buchhandlung. Die Dame, die beim tragischen Unfall von Lady Di nicht verstehen wollte, "daß eine wichtige Buchhandlung wie Sie keinen Schrein für diese Frau errichtet", fand wohl doch nicht recht Trost bei uns.

Aber insgesamt geht das Verständnis für die Strukturen im Buchhandelsgewerbe doch zunehmend tief. Etwa wenn jener verständnisinnige Kunde anruft und fragt: "Ich hatte vor ein paar Wochen eine Karte von Sambia bestellt. Sagen Sie mal, ist die inzwischen schon gedruckt?" – Dagegen verlangte jener andere Mensch denn doch zuviel, als er am Telefon nachforscht: "Haben Sie einen Stadtplan von Erlangen?" "Ja," hörte ich meinen Kollegen stolz, "hier ist einer." Aber dann verstummt er schlagartig – am anderen Ende war die Bitte geäußert worden: "Können Sie ihn mir beschreiben?"

Schweres Beschäftigtsein im nächsten Fall: "Haben Sie schon die Verzeichnisse der Uni für das dritte Lebensalter? Ich muß meine Tennistermine danach richten!" – Und dann, hinsichtlich des schon behandelten *Schlafes Bruder*: "Ich hab' da jetzt mal reingeguckt, das ist glaub' ich etwas schlecht übersetzt. Überhaupt, empfehlen Sie mir mal was, ich hab' nicht den ganzen Tag frei." Wir staunen; und wir sind sprachlos: "Ich wollte *Hosen*. Lachen Sie nicht, das ist ein Buchtitel, so eine Erzkatholische zieht auf einmal Hosen an. Sensationell."

War es die ahnbare Altersschwerhörigkeit des Mannes, oder doch Denkgewohnheit, der neulich ankam: "Ich suche was zu Nürnberg." "Einen Reiseführer?“ frage ich ihn, was er bejaht. ”Bitte im ersten Stock,“ weise ich ihm den Weg, ”in der Reiseabteilung!“ Und da fragte der Mensch zurück: ”In der Reichsabteilung?“

Immer wieder: Cool bleiben!

Cool bleiben. Auch im anderen Falle, da Madame wirklich atemberaubend aussieht: ”Ich suche eine Bildband.“ Aha, denke ich mir, und frage: ”Über Kunst?“ Und Madame: ”Das ist egal. 28,5 cm hoch, Geld spielt keine Rolle, nur bunte Farben. Mein Mann schickt mich. Naja, vielleicht schaut man ja doch mal rein...“

Cool bleiben, unbedingt cool bleiben. Ein Herr in Nadelstreifen möchte: ”Von Storm. *Der Schimmelreiter* in Prosaform. Sie wissen schon, wer reitet so spät durch Nacht und Wind...“

”Kann ich ein exotisches Buch bestellen?“ ”Ja, um was geht es denn?“ ”Es ist ein Buch über Frankfurt.“ Da stürmt atemlos, geschniegelt und gestriegelt, ein junger Mann auf mich zu: ”Bitte sagen Sie jetzt, daß Balzac *Don Quijote* geschrieben hat, sonst habe ich eine Wette verloren.“ – Aber wie gesagt: Schön cool bleiben!

Telefonisches

Ein Kunde zur Buchhändlerin: ”Ich suche ein Buch über japanische Kriegsführung, das sich im Berufsleben anwenden läßt.“ Und die pädagogischen Anliegen gehen weit und weiter, auch wenn eine Kundin ihrem Sohn unbedingt ein von ihr ausgewähltes Buch schenken will und mit erzieherischer Finesse hinzufügt: ”Ich schreib ihm dann eine schöne Widmung rein – dann kann er es nicht umtauschen!“

Wiehernd sitzt Kollegin C. im Büro, als sie telefonisch eine Kundin über das Eintreffen eines vor längerer Zeit bestellten Bandes benachrichtigen will.

Die Kundin hebt ab und sagt: "Nicht so laut klingeln – das Kind schläft!"

Dienstleistungen

Oh, die wundersame Erfindung des Telefons. Das da eines Morgens nach Ladenöffnung läutet, und es meldet sich ein Herr mit dem simplen Anliegen: "Ich bin um halb elf vor Ihrer Tür verabredet. Könnten Sie der Dame bitte ausrichten, daß Sie im Laden auf mich warten soll, es wird etwas später" ...

Gewiß doch, zählt alles zum Kundendienst. Auch im Falle, da der Kundin versprochen wurde, das persönliche Geburtstagsbuch nach Mailand zu schicken: "Und wie erkenne ich den Mann?" fragt sie. "Ich weiß nicht," zuckt die Kollegin mit den Achseln, "wie Ihr Briefträger aussieht." Wird sie aber wohl rausbekommen haben. – "Dürfte ich von Ihnen mal 'ne Schere haben? Ich habe nämlich zwei Blasen an den Füßen." Und im anderen Fall: "Haben Sie vielleicht ein Klebeband für mich? Mein Gürtel hält meine Hose nämlich nicht."

Erschöpft murmelnd liest ein Kunde von seinem Einkaufszettel: "Also, Lanzarote-Reiseführer im ersten Stock; erotische Kurzgeschichten habe ich hier gefunden, und einen kurzen Wickelrock habe ich hier nicht bekommen...!" Stimmt. Aber bitte, suchen Sie ruhig weiter...

... und besuchen Sie uns bald wieder!

Den Satz aus der Korinna 10 ° besorgte Urs van der Leyn, Basel. Druck auf 90 g/qm Werkdruckpapier bei der Druckerei Eisenhardt, Frankfurt am Main. Für den Umschlag wurde 200 g/qm Werkdruckkarton der Firma Drissler verwendet und die

Die 16er-Reihe

Fadenheftung, wie bei allen Bändchen der 16er Reihe, von Hand im Verlag ausgeführt.

Der Dank des Autors gilt den folgenden Personen:

Andrea B., Andrea F., Benita, Claudia, Eva, Gisela, Kerstin, Marlen, Martin, Max, Michel, Wolfgang

Danke!

und Jens, Andreas, Pieter, Charlotte, Daniela, Mia, Susanne, Thomas, Rolf sowie allen Mitarbeitern unserer Buchhandlung. – Des weiteren:

Irmgard Endres, Beate Kleuser, Inge Luttich, Angela Eibel, Michaela Fink, Christof "Gleisbauer", Silvio, Claudia, Susanne, Gudrun, Sabine, Arne. – Sowie schließlich:

Rainer, Rita, Reinhold, Helmut, Silvice, Hannah, Sabine, Martina, Edgar, Sabine, Steffi, Maike, Galli, Sandra.

Der Verlag bedankt sich bei seinem Autor Martin Bullinger für den Hinweis und bei Frau Ceballos Betancur für den Brückenschlag.

ISBN 3 929232 72 3